Juli Zeh

ALLE JAHRE WIEDER

Mit Bildern von Lena Hesse

CARLSEN

Alles ist vorbereitet, wie jedes Jahr.

Selbst gebastelte Sterne an den Fenstern, selbst gebackene Plätzchen in den Schalen. Vierundzwanzigstes Türchen geöffnet, vierte Kerze angezündet. Und natürlich die Wunschzettel abgeschickt. Richtig coole Wunschzettel dieses Mal.

Lena wünscht sich Boxhandschuhe, neue Inlineskater und ein iPhone, obwohl sie erst acht ist.

Josh ist genauso alt wie seine Schwester, was bei Zwillingen total logisch ist. Er wünscht sich jede Menge Bücher, ein Mountainbike oder ein Klavier.

Josh sagt: „Das iPhone kriegst du auf keinen Fall. Viel zu teuer."

Lena sagt: „Denkst du, ein Mountainbike und ein Klavier sind billiger?"

„Ich habe *oder* geschrieben", sagt Josh. „Klavier *oder* Mountainbike."

„Du bist so ein Besserwisser", ruft Lena und boxt Josh in die Seite. „Außerdem immer am Meckern."

„Und du bist brutal!“, ruft Josh. „Immer musst du gleich zuschlagen!“

Lena boxt ihn weiter, bis Josh ruft, dass das Christkind keine Gewalt mag und sie sich an Heiligabend besser mal zusammenreißen sollte.

Gemeinsam checken sie ein letztes Mal den Raum. Die große Tanne steht im Ständer. Das Schmücken des Baums gehört zum Aufgabenbereich des Christkinds, genau wie das Ablegen der Geschenke. Als Nächstes müssen Lena und Josh spazieren gehen. Das Christkind ist extrem scheu und kommt nur, wenn es sicher sein kann, nicht gesehen zu werden.

Mama hat keine Lust auf frische Luft und geht lieber zu den Nachbarn, einen Glühwein trinken. Wie jedes Jahr.

Im Dunkeln laufen sie hintereinanderher. Papa will durchs Naturschutzgebiet, wie jedes Jahr. Hinter hohen Zäunen und Beobachtungstürmen liegt sein Arbeitsplatz. Papa ist Ornithologe, also Vogelforscher. Das bedeutet, dass er niemals ohne Fernglas

das Haus verlässt. Wenn im Gebüsch etwas raschelt, ruft er: „Seht mal da, ein krummschnäbliger quergestreifter Klappergrasfliegenschnäpper!“ Oder so ähnlich.

Papa sagt: „Wir schauen kurz in der Vo-Schu-Wa vorbei.“ So heißt bei ihm die Vogelschutzwarte. „Ich habe gestern ein seltsames Exemplar gefunden. Saß mit verletztem Flügel in der Heide. Ziemlich groß. Fast wie ein Albatros. Oder eine Riesentrappe oder ein Höckerschwan oder eine Art Kranich ...“

„Oder ein Riesenhöcker-Trappatros“, flüstert Lena, und Josh lacht.

Die Vo-Schu-Wa ist in einem flachen Gebäude am Rand des umzäunten Gebiets untergebracht. Papa

schließt auf und geht gleich in den Nebenraum, wo ein paar große Käfige stehen, für den Fall, dass mal ein Vogel krank ist.
Da sitzt der Trappatros, in einer Ecke des Käfigs. Er kehrt ihnen den Rücken zu und hat den Kopf unter den weißen Flügeln verborgen.
„Bis ich weiß, was es ist, behalte ich dieses seltsame Exemplar erst einmal hier“, sagt Papa.
Aber Lena und Josh interessieren sich gerade nicht für kranke Trappatrosse. Sie sind dermaßen aufgeregt wegen der bevorstehenden Bescherung. Lena zieht ständig den Reißverschluss ihrer Jacke hoch und runter, und Josh macht immer wieder kleine Hüpfer.

Als sie nach Hause kommen, steht Mama mit einem Glöckchen in der Hand vor der geschlossenen Wohnzimmertür. Sie singen *Alle Jahre wieder,* noch im Flur. Dann läutet Mama das Glöckchen. Papa öffnet die Tür, und die Kinder stürmen hindurch.
Sie bremsen in der Mitte des Raums und stehen wie vom Donner gerührt.
„Das ist echt komisch“, sagt Lena.
Da ist nämlich gar nichts. Kein Baumschmuck, keine brennenden Kerzen, keine Geschenke. Das Wohnzimmer sieht genau aus wie vorher, nur trostloser.
Josh überlegt, ob Lena etwas falsch gemacht hat, und Lena überlegt, ob es an Josh liegen könnte. Aber ihnen fällt nichts ein.
Lena meint, dass das Christkind wegen der neuen Kinder im Dorf mehr zu tun hat und sich verspätet.
„Total unlogisch“, sagt Josh. „Vielleicht muss es andere Routen fliegen, wegen Klimawandel und so.“
Bevor die Zwillinge richtig zu streiten beginnen, sagen die Eltern, dass man auch ohne Geschenke schön Weihnachten feiern könne. Das sehen Josh

und Lena definitiv anders. Beim Festessen bekommen sie kaum einen Bissen herunter.

Sie bestehen darauf, über Nacht ein Wohnzimmerfenster offen zu lassen.
Am nächsten Morgen – nichts.
Zur Sicherheit machen sie einen Spaziergang mit Papa am Vormittag. Nichts. Und noch einen am

Nachmittag. Nichts. Nach dem Abendessen hat Papa keine Lust mehr auf Spaziergänge und Mama keine Lust mehr auf Glühwein. Die Zwillinge quengeln so lange, bis sie wenigstens noch zwei Runden ums Haus laufen.
Nichts.

Der nächste Tag ist schon der zweite Weihnachtsfeiertag. Josh ist so verzweifelt, dass er zu weinen beginnt. Lena boxt vor Wut mit beiden Fäusten in ein Kissen, was ohne Boxhandschuhe ziemlich wehtut.

Weihnachten ausgefallen!
Mama und Papa sagen, dass Weihnachten überhaupt nicht ausgefallen sei, sondern dass es nur keine Geschenke gegeben habe und dass es sowieso viel mehr darauf ankomme, dass man füreinander da sei.
Typische Elternsprüche eben.

Am Nachmittag sagt Lena: „Ich rufe jetzt die anderen an. Wenn ich nur schon mein iPhone ...“
Sie verstummt und hängt sich ans normale Telefon.

„Hey, Finn. Bei dir? Nichts. Bei uns auch nicht. Hallo, Emily. Bei euch? Keine Geschenke, kein Baumschmuck, nichts. Bei Benny auch Fehlanzeige, mit dem hat Finn schon gesprochen. Pia und Tom? Die haben was gekriegt. Aber bei denen kommt der Weihnachtsmann.“
„Krass“, sagen die Kinder. „Das ist echt krass.“

JOSH

Mitten in der Nacht wacht Josh auf. Er hat etwas Komisches geträumt. Von einer weißen Gestalt, die am Boden hockte. Ein schrecklich trauriger Anblick. Er schüttelt Lena, bis sie wach ist.
„Lena!", ruft er. „Das Exemplar!"
„Was?", murmelt Lena verschlafen.
„Der Trappatros!"

Sie sind total sicher, auch am nächsten Morgen noch. Oder jedenfalls ziemlich sicher.

Wieder ruft Lena alle an. Finn und Emily können nicht kommen, weil sie mit ihren Eltern in den Urlaub müssen. Aber Benny ist da und sogar Tom und Pia, obwohl die ja den Weihnachtsmann hatten. Papa ist sofort bereit, ihnen die Vo-Schu-Wa zu zeigen. Er liebt es, über seine Arbeit zu sprechen.

Zuerst führt er sie zu den riesigen Zäunen und lässt sie auf einen Beobachtungsturm klettern. Vor lauter Erklären merkt er gar nicht, wie hibbelig die Kinder sind.

Sie wollen
das Exemplar
sehen, sonst nichts.
Endlich ist es so weit. In der Vo-Schu-Wa zeigt Papa die Computer, die elektronischen Landkarten, die Peilsender und die Beringungsmaschine. Tom will sich auf den Landkarten unbedingt Rügen von oben anschauen, weil seine Familie dort im Sommer Urlaub macht. Benny fragt, ob man mit den Peilsendern nicht eine Schnitzeljagd durchführen könnte. Währenddessen schlüpfen Lena und Josh in den Nebenraum, wo die großen Volieren stehen.

Der Trappatros kauert noch immer in der Ecke, den Kopf unter den Flügeln. An der Käfigtür stehen Schälchen mit Futter und Wasser, unberührt.

Lena und Josh sind jetzt doch nicht mehr ganz sicher.

„Hey, du“, flüstert Lena.

Keine Reaktion.

„Komm mal her, wir wollen dir helfen!“

Der Trappatros bewegt sich nicht.

„Vielleicht ist er tot?“, fragt Josh.

„Blödsinn“, sagt Lena. Sie boxt mit der Hand gegen die Käfigstäbe. Der Trappatros zuckt zusammen.

„Siehste“, sagt Lena.

„Du hast ihn erschreckt“, meckert Josh.

„Du meckerst schon wieder“, motzt Lena.

Josh runzelt die Stirn und denkt nach, weil streiten jetzt auch nichts bringt. Er ist gut im Ideen-Haben. Schließlich hellt sich seine Miene auf.

Er beginnt zu singen, ganz leise:
„Alle Jahre wieder / kommt da-has Christuskind."
Der Trappatros bewegt sich. Er reagiert auf das Lied. Fast hätte er sich umgedreht. Aber dann hält er doch lieber den Kopf verborgen.
„Josh! Da!"

Lena zeigt aufgeregt auf den Trappatros, genauer gesagt auf seine Füße, noch genauer gesagt auf einen Fuß, der unter dem Federkleid hervorguckt. Das ist keine Vogelkralle. Das ist ein Kinderfuß. Als würde der Trappatros die Blicke spüren, zieht er den Fuß wieder unter die Flügel. Aber den Zwillingen reicht, was sie gesehen haben.

Jetzt tritt der Plan in Kraft. Der Plan ist natürlich von Josh und einfach genial. Er muss nur noch funktionieren. Pia verwickelt Papa in ein Gespräch. Sie stellt ihm einhundert Fragen zur elektronischen Landkarte. Im Fragenstellen ist Pia spitze. Damit kann sie in der Schule eine komplette Unterrichtsstunde sprengen. Manche Kinder nennen sie Streberin und wollen nicht mit ihr spielen.

Lena schaut durch den Türspalt und winkt Tom und Benny zu sich.

„Habt ihr die Sachen?“, flüstert sie.

In Bennys Rucksack steckt ein schwarzer Kapuzenpulli, den er aus dem Kleiderschrank seines Vaters

gemopst hat. Oder geliehen, wie er sagt. Er sagt auch nicht Kapuzenpulli, sondern Hoodie.

Tom hat ein Paar Turnschuhe mitgebracht, Größe 35, in Rot.

Josh öffnet die Käfigtür und zögert. Lena schiebt ihn beiseite und schlüpft hinein. Eine muss es ja tun, und sie ist mit Abstand die Mutigste von allen. Benny reicht ihr den Hoodie.

„Was macht ihr denn da?“, ruft Papa aus dem Computerzimmer.

„Wir betrachten nur das Exemplar!“, ruft Josh zurück.

„Nicht anfassen!“, ruft Papa. „Ich komme gleich!“

Lenas Herz schlägt bis zum Hals. Ihre Hände zittern so sehr, dass sie am liebsten davonlaufen würde.

Aber sie reißt sich zusammen, denn schließlich ist sie gut im Mutigsein. Und im Zusammenreißen auch. Mit einem Schwung stülpt sie den Hoodie über den Trappatros. Der Hoodie ist groß wie ein Sack, er passt über die Flügel und geht fast bis zum Boden. Der Trappatros wehrt sich nicht. Tom stellt die roten Turnschuhe hin, und der Trappatros schiebt seine Füße hinein. Auch die Schuhe sind viel zu groß, der Trappatros muss schlurfen. Aber das schadet nicht. Benny zum Beispiel läuft immer so, auch wenn die Schuhe passen.

Sie bilden einen Pulk und nehmen den Trappatros in die Mitte. Er ist noch kleiner als Benny, obwohl Benny erst sieben ist und aussieht wie fünf. Manche

Kinder nennen ihn Baby und wollen nicht mit ihm spielen.
Pia fragt gerade, ob man die Daten der Vo-Schu-Wa nicht mit Google Earth verknüpfen könnte.
Der Pulk schiebt sich durchs Computerzimmer.
„Wir gehen schon mal raus", ruft Josh.
Papa kriegt nichts mit. Er starrt auf den Bildschirm und denkt über Pias Frage nach. Er merkt auch nicht, dass Pia ebenfalls verschwindet.
Draußen beginnen sie zu laufen. Wohin, ist für Lena und Josh völlig klar. Erst die Landstraße entlang, dann durch ein Waldstück, übers Feld und durch einen trockenen Graben. Der Trappatros in seinen großen Schuhen kann nicht so schnell. Manchmal müssen sie ihn stützen, aber sie kommen gut voran. Bald erreichen sie die verwilderte Brachfläche, auf der die Bude steht.
Die Bude war früher ein kleiner Schweinestall. Jetzt steht sie schon seit Ewigkeiten leer und sinkt langsam in den weichen Boden. Sie ist Joshs und Lenas Geheimversteck. Gemeinsam haben sie das

Ziegeldach ausgebessert und immer wieder frische Steine in die bröckelnden Mauern gesteckt. Irgendwann hat Lena die verrottete Holzluke durch eine knallrote Autotür ersetzt, die einfach so im Straßengraben lag. Drinnen stehen Möbel vom Sperrmüll. Sogar Vorhänge hängen am Fenster, die hat Josh aus karierten Handtüchern gebastelt. Von ihm waren auch die Primeln, die jetzt verdorrt über die Ränder ihrer Töpfe hängen.

Eigentlich wollten sie niemandem von ihrem Geheimversteck erzählen, bis ans Ende aller Zeit. Aber das ist ein Notfall.

Sie drängen sich alle hinein und umringen den Trappatros, der mit gesenktem Köpfchen vor ihnen steht. Ein schwarzer Zwerg mit roten Schuhen.

„Lass dich mal ansehen“, sagt Lena und zieht ihm den Hoodie aus.

„Alter!“, entfährt es Tom.

Eine Weile stehen sie sprachlos vor Staunen.
„Du siehst echt nicht aus wie in den Büchern", sagt Pia schließlich.
Das Christkind trägt ein zerschlissenes Kleid von H & M. Sein Haar ist nicht blond gelockt, sondern dunkel und raspelkurz geschnitten. Zusammen mit den roten Schuhen macht das einen ziemlich komischen Eindruck.

„Siehste, es ist ein Junge“, flüstert Josh.

„Es gibt auch Mädchen mit kurzen Haaren, du Penner“, flüstert Lena zurück.

Die Zwillinge streiten seit Jahren, ob das Christkind ein Junge ist, so wie Jesus, oder ein Mädchen, wegen der langen blonden Haare.

„Viel kleiner, als ich dachte“, flüstert Benny.

„Aber Wahnsinnsflügel“, flüstert Tom.

„Wir glauben ja eher an den Weihnachtsmann“, flüstert Pia.

Josh findet als Erster seine Manieren wieder.

„Guten Tag, ich bin Josh“, sagt er und streckt dem Christkind die Hand hin.

Es weicht zurück.

„Hast du Hunger?“, fragt Lena.

„Warum sollte es Deutsch verstehen?“ Pia hebt den Zeigefinger wie eine Lehrerin.

„Stimmt!“, ruft Tom.

„Es kommt ja gar nicht von hier. Sondern aus ...“

„Jerusalem?“, schlägt Benny vor.

„Oh Mann“, sagt Pia. „Kein Wunder, dass es Angst vor euch hat.“ Sie tritt vor: „How do you do? Are you hungry?“

Das Christkind weicht weiter zurück.

„Was stellt es sich denn so an?“, fragt Tom.

„Es stellt sich doch nicht an!“, sagt Benny wütend.

„Es darf eigentlich von niemandem gesehen werden“, erklärt Josh. „Dass wir es alle angucken, muss für das Christkind das Allerschlimmste sein.“

Sofort wenden alle die Augen ab. Benny hat im Rucksack einen zerdrückten Schokoriegel gefunden und streckt ihn dem Christkind hin, während er zur Seite guckt. Aber das Christkind will den Schokoriegel nicht.

„Ihm ist kalt.“ Lena streift ihm ganz vorsichtig den Hoodie über, was es sich gefallen lässt. Dann erteilt sie eine Menge Befehle und boxt dabei in die Luft, damit die Kinder sofort spuren. Sie rennen in alle Himmelsrichtungen davon.

Während die anderen weg sind, machen Josh und Lena sauber. Es gibt einen Besen und einen Staubwedel. Das Christkind kauert in der Ecke und dreht ihnen den Rücken zu.

Es wird schon dunkel, als die anderen zurückkommen.
Benny schleppt einen Stapel Decken.
Pia trägt einen riesigen Karton von Amazon Prime.
Tom bringt seinen Nintendo, obwohl er den gerade erst vom Weihnachtsmann bekommen hat.
Pia hat noch ihr Lieblingskuscheltier dabei, einen Stoffhund, den das Christkind bestimmt zum Einschlafen gebrauchen kann.
In Bennys Rucksack befindet sich eine große Lunchbox mit Salami-Stulle, Nutellabrot und Apfelschnitzen, wie seine Mama es immer für die Schule macht.

Josh polstert den Karton mit den Decken. Das Bett sieht so gemütlich aus, dass er sich am liebsten selbst hineingekuschelt hätte.

Die Lunchbox würdigt das Christkind keines Blickes. Als Tom ihm den Nintendo hinhält, kriecht es noch tiefer in seine Ecke.

„Es muss dringend etwas essen“, sagt Pia.

„Vielleicht lebt es vegan“, meint Josh.

„Unser Onkel verträgt kein Gluten“, sagt Tom.

„Und meine Cousine keine Lactose“, erklärt Benny.

„Ich glaube, es ist einfach nur müde“, sagt Lena.

Während sie geredet haben, ist das Christkind in den Karton gekrochen und hat die Decken über sich gezogen. Vorsichtig reicht ihm Pia den Stoffhund, den es fest an sich drückt.

„Gute Nacht“, sagen die Kinder.

Sie setzen sich neben den Karton und singen *Stille Nacht, heilige Nacht.* Mehrstimmig. Dazu haben ihre Eltern sie immer verdonnert, vor der Bescherung. Jetzt sind alle froh darüber. Denn das Christkind lächelt, während es einschläft, das sehen sie ganz genau.

Zu Hause gibt es Ärger. Weil sie so spät kommen. Und weil das Exemplar abgehauen ist. Josh und Lena tun schuldbewusst. Sie wollten nur mal gucken. Und haben vielleicht den Käfig nicht richtig zugemacht.

Papa seufzt und sagt, dass das Exemplar mit dem verletzten Flügel eh nicht weit kommen werde.

Mama sagt, dass die Kinder wenigstens nicht mehr so frustriert aussehen. Obwohl Weihnachten ausgefallen sei.

Die Kinder sagen, dass Weihnachten überhaupt nicht ausgefallen sei. Sondern nur etwas anders gelaufen als sonst.

Vor dem Einschlafen machen sie sich Sorgen. Das

Christkind muss essen. Vielleicht sollten sie doch die Erwachsenen fragen?

„Besser nicht“, meint Josh. „Sie werden es einsperren. Ein Forschungsprojekt einrichten. Und dann kommt das Fernsehen mit seinen Kameras.“

„Du hast recht.“ Lena boxt sich in die Hand. „Schlagzeilen, Spezialsendungen, eigene Facebookseite.“

„Fotos auf Instagram.“

„Papa wird haufenweise Interviews geben.“

Sie schaudern.

„Dann nehmen sie uns das Christkind weg“, sagt Lena.

„Lass uns ein Geheimprojekt gründen“, sagt Josh.

„Alle müssen Verschwiegenheit schwören."
„Du hast recht", sagt Lena schon wieder.
Sie müssen lachen, denn eigentlich ist das ein Satz, der zwischen den Zwillingen gar nicht vorkommt.

Als Erstes brauchen sie einen Namen. Lena ist für CK, aber das klingt zu sehr nach Calvin Klein. Josh schlägt A.J.W. vor, wie *Alle Jahre wieder.* Lena malt ein Logo. Zwei ausgebreitete Flügel mit den Buchstaben darin. Es sieht so gut aus, dass sie glücklich einschlafen.

Mitten in der Nacht wacht Josh auf. Er hat einen Geistesblitz.
„Ich weiß, was es isst", flüstert er aufgeregt.
„Was wer ist?", fragt Lena verschlafen.
„Essen, Mann! Das Christkind!"
Jetzt ist Lena wach, und Josh erklärt seinen Gedankengang.

Das Christkind ernährt sich von Dingen in seiner natürlichen Umgebung. Wie ein Tier.

Lena versteht nicht.

„Es isst, was es findet."

Lena versteht immer noch nicht.

„Na, was so rumsteht an Weihnachten!", ruft Josh ungeduldig.

Am nächsten Morgen nehmen sie die Fahrräder, um schon früh zur Bude zu fahren. Der Weg durch den Wald ist holprig. Vor allem ohne Mountainbike. Lena balanciert einen Weihnachtsteller auf der Hand und muss aufpassen, dass nichts herunterfällt.

Als das Christkind den Teller sieht, streckt es die Ärmchen aus. Gleich darauf stopft es sich mit beiden Händen Plätzchen in den Mund. Es schält eine Mandarine und knackt ein paar Nüsse. Lena und Josh sehen lächelnd zu. Das Christkind lächelt auch. Zum Abschluss gibt es noch einen Schluck Wasser aus einer kleinen Gießkanne, wie sie in Wohnzimmern oft auf den Fensterbänken stehen.
Danach ist das Christkind satt. Es sitzt auf einem wackligen Stuhl und schaut auf seine großen roten Schuhe. Ab und zu versucht es, die Flügel auszubreiten, aber nur der rechte geht auf.

Bald kommen die anderen. Tom bringt einen CD-Spieler mit Batterien und eine Weihnachts-CD. Benny eine Tüte Hot-Wheels-Autos, falls es doch ein Junge ist. Pia ein Buch mit der Weihnachtsgeschichte und vielen Bildern, falls das Christkind Sehnsucht nach Mama und Papa hat.

Das Christkind möchte die Sachen nicht. Es schaut kaum auf. Wenn jemand es anfassen will, weicht es zurück. Schließlich kriecht es in seinen Karton unter die Decken.

Josh befestigt das A.J.W.-Logo an der Tür.

„Unsere Geheimoperation", sagt er.

Alle fassen sich an den Händen und schwören.

„Treu will ich sein und verschwiegen."

„Wer den Schwur bricht, kriegt Prügel", sagt Lena, aber sie lächelt dabei.

Pia will etwas vorschlagen, druckst aber herum, weil sie Angst hat, dass die anderen *Streberin* zu ihr sagen.

„Spuck's aus", sagt Lena. „Wir sind doch die A.J.W."

Pia gibt sich einen Ruck.

Die anderen finden ihren Vorschlag super. Sie tuscheln und sprechen sich ab. Dann gehen sie in die Bude und setzen sich an den Tisch. Sie schreiben

einen Wunschzettel. Lautstark reden sie darüber, was sie sich alles wünschen. Kuschelhund, Nintendo, CD-Spieler, Hot Wheels, ein Buch. Sie lassen den Wunschzettel auf dem Tisch liegen und gehen spazieren, damit das Christkind seine Arbeit tun kann.

Der Spaziergang ist furchtbar langweilig. Er fühlt sich genauso öde an wie in echt.

Als sie wiederkommen, sieht die Bude anders aus. Da flackert etwas im Fenster. Es riecht nach Tannengrün. Vorsichtig treten sie ein.

„Alter!", entfährt es Tom.

„Wunderschön", flüstert Pia.

Im Fenster steht eine brennende Kerze. An der Wand lehnt ein großer Tannenzweig, mit Zapfen, Federn und sogar ein paar Schneckenhäusern geschmückt. Die Geschenke auf dem Tisch sind unter der roten Decke aus dem Schlafkarton verborgen. Das Christkind steht in der Ecke, strahlt über das ganze Gesicht und trampelt vor Ungeduld mit den Füßen.

SURF
Hawaii
KAKAO

REUDE EIERKUCHE
HOT WHEELS!

Sie singen Weihnachtslieder. *Alle Jahre wieder, Stille Nacht, O Tannenbaum.*

Sie packen die Geschenke aus, rufen: „Cool!“, und: „Geil!“, und: „Genau das habe ich mir gewünscht!“

Sie freuen sich wie verrückt und auch das Christkind freut sich wie verrückt.

Sie lesen die Weihnachtsgeschichte. Sie hören die Weihnachts-CD. Es sind sogar noch Plätzchen und zwei Mandarinen da.

Es ist ein richtig schönes Fest.

Als Lena und Josh am nächsten Tag zur Bude kommen, hören sie Rufe und Schüsse. Dazu dudelt laut *O, du fröhliche.*
Drinnen sitzen Tom und das Christkind am Tisch und zocken Nintendo. Anscheinend schlägt sich das Christkind ganz gut. Tom reckt eine Faust in die Luft und schreit: „Ninja, go!", und: „Heilige Mutter Gottes!", woraufhin er sich jedes Mal entschuldigt.
Lena stellt die Musik leiser.
„Aber nur eine halbe Stunde Medienzeit pro Tag", sagt sie streng.
Maulend schaltet Tom die Konsolen aus.

Pia hat eine Überraschung dabei: bedruckte T-Shirts, selbst gemacht. Sie hat ein spezielles Papier, aus dem man Formen ausschneiden und aufbügeln kann. Stolz holt sie die roten Shirts aus der Tüte. Auf der Brust zwei weiße ausgebreitete Flügel mit A.J.W.-Logo.
„Sieht cool aus", sagt Josh, und Pia wird ein bisschen rot, weil man sie lobt.

Alle ziehen die T-Shirts über die Jacken. In das Shirt vom Christkind hat Pia ein großes Loch geschnitten für die Flügel.

Sie stellen sich nebeneinander, und Pia macht ein Selfie mit ihrem Handy.

Wenn ich jetzt mein iPhone hätte, denkt Lena, aber eigentlich ist das gerade gar nicht so wichtig.

Das Christkind will wieder Weihnachten spielen, es zeigt auf die Kerze und klatscht in die Hände. Aber der kleine Benny hat etwas anderes vor.

„Die A.J.W. macht KG“, sagt er.

KG steht für Krankengymnastik. Bennys Vater ist Physiotherapeut.

„Mobilisieren, dann kräftigen", sagt Benny.

Alle staunen. Benny klingt wie ein Erwachsener.

Aber als er das Christkind anfassen will, springt es davon, hockt sich in die Ecke und steckt den Kopf unter den gesunden Flügel.

„Das wird ein Stück Arbeit", murmelt Lena.

Sie versuchen alles. Pia lockt mit frisch gebackenen Plätzchen. Tom mit dem Nintendo. Lena verspricht, dass sie danach wieder Weihnachten spielen. Das Christkind bleibt in seiner Ecke und hat sogar sein A.J.W.-Shirt auf den Boden geschmissen.

„Es muss doch gesund werden", sagt Benny und fängt an zu weinen, was nicht so schlimm ist, weil niemand lacht und keiner Baby sagt. Lena nimmt ihn in den Arm. Er ist wirklich noch ziemlich klein.

In der Nacht hat Josh einen Geistesblitz.

„Was passiert, wenn du das Gleichgewicht verlierst?", fragt er die verschlafene Lena.

Es wird eine Großbaustelle. Die A.J.W.-Mitglieder schleppen Balancierbalken aus dem Wald und ordnen sie auf der Lichtung vor der Bude zu einer Reihe. Ein Brett und einen Holzklotz verbinden sie zu einer Wippe, über die man laufen kann. Als Nächstes muss man von Feldstein zu Feldstein springen, dann an einem Kletterseil zurück zu den Balancierbalken schwingen.
„Wie auf dem Nintendo!“, ruft Tom und probiert den Parcours gleich mal aus.

Das Christkind will nicht raus. Lena und Josh müssen es ins Freie schieben. Sie halten es an den Armen fest und gucken zu, wie die anderen Kinder den Parcours absolvieren, mehrmals hintereinander, wobei sie vor Vergnügen jauchzen. Sie stellen das Christkind auf einen Balancierbalken. Zögerlich setzt es einen Fuß vor den anderen. Dann taumelt es und rudert mit den Armen. Es breitet seine Schwingen aus. Alle beide. Die linke hängt ziemlich runter.

„Heilige Mutter Gottes!“, ruft Tom und entschuldigt sich.

„Du hattest recht“, sagt Lena zu Josh und will ihn vor Freude in die Seite boxen. Aber dann streichelt sie ihm lieber über den Rücken.

Jetzt legen sie richtig los. Das Christkind schlägt sich ganz gut. Irgendwann überholt es Benny auf den Feldsteinen.

„Du schummelst!“, ruft Benny, weil es die Flügel ausbreitet, um über zwei Steine gleichzeitig zu springen.

„Ninja, go!“, schreit Tom.

Als sie nicht mehr können, spielen sie noch eine Runde Weihnachten. Pia verspricht, am Abend noch mehr Plätzchen zu backen.

„Wirklich viele“, sagt Benny mit vollem Mund.

Jeden Tag üben sie im Parcours. Sie spielen Weihnachten, Nintendo und manchmal „Mensch ärgere Dich nicht“, wobei das Christkind immer verliert, weil es niemanden rauswerfen will. Sie essen wirklich viele Plätzchen.

„Irgendwie finde ich es toll“, sagt Benny mit vollem Mund, „dass wir so viel zusammen spielen.“

Als die Schule wieder anfängt, haben die A.J.W.-Mitglieder weniger Zeit. Neben dem Unterricht sind da noch Flötenstunden, Schwimmstunden, Fußballtraining, Reiten, Tanzen, Holz-AG. Sie teilen sich ein, so gut es geht. Nachmittags ist immer einer beim Christkind. Lena und Josh machen ihre Hausaufgaben an dem wackligen Tisch in der Bude. Pia bringt ihre Querflöte zum Üben. Am späteren Nachmittag finden sie meistens Zeit zum Spielen.
„Man sieht euch ja kaum noch zu Hause", sagt Papa.
„Aber ihr seht glücklich aus", sagt Mama.

Am schönsten sind die Wochenenden, wenn die ganze A.J.W. zusammen ist. Im Parcours ist das Christkind inzwischen schneller als alle anderen. Als es Josh überholen will, breitet es die Flügel aus und springt einfach über ihn.
„Alter!", ruft Tom. „Das sieht jetzt aber wirklich aus wie auf dem Nintendo."

Vor dem Einschlafen flüstern Lena und Josh im Bett.
„Das Christkind ist richtig sportlich geworden."
„Krass, wie es über dich gesprungen ist."
„Der linke Flügel funktioniert schon fast genauso gut wie der rechte."
„Aber es muss richtig fliegen lernen", sagt Lena.

Als Josh seinen Geistesblitz hat, ist Lena schon wach. Sie hat darauf gewartet.
„Denk mal an die jungen Störche", sagt Josh.

Wie junge Störche fliegen lernen, weiß jeder. Sie springen auf dem Nestrand wie auf einem Trampolin, immer höher und höher, wobei sie heftig mit den Flügeln schlagen. Irgendwann breiten sie die Schwingen aus und segeln vom Nest auf den First des benachbarten Hauses. Und wieder zurück. Und jeder weiß, wer ein Trampolin hat. Nämlich Benny. Auch wenn er es nie benutzt, weil er alleine keine Lust hat und ihn selten jemand besuchen kommt. Eigentlich nie.

„Unmöglich", sagt Benny. „Das schaffen wir nicht."
„Wir müssen", sagt Lena.
„Wir sind doch die A.J.W.", sagt Josh.
„Es hat zwei Meter fünfzig Durchmesser", sagt Benny.
Sie schweigen eine Weile.
Lena sagt: „Wir brauchen einen Plan."

Sie setzen sich zusammen und grübeln.
Man könnte vier Skateboards unter die Stützfüße schnallen und das Ding schieben.
Man könnte es auf eine große Schubkarre stellen.
Oder auf vier Schubkarren.
Man könnte aus mehreren Bollerwagen einen riesigen Transporter bauen.
„Vielleicht sollten wir irgendeinen Papa um Hilfe bitten", meint Pia besorgt.
„Auf keinen Fall!", rufen die anderen.
Sie brauchen einen Geistesblitz. Leider schläft Josh gerade nicht.
Aber dieses Mal ist es ausgerechnet Tom, der plötzlich ruft: „Ich hab's!"
Tom hat selten gute Ideen. Seine Mutter sagt, das liegt am Zocken. Jetzt klopfen ihm alle auf die Schulter und rufen: „Gut gemacht!", was sich klasse anfühlt.

Nie zuvor haben sie sich im Dunkeln aus dem Haus geschlichen. So etwas machen eigentlich nur Kinder in Büchern. Zum Beispiel die drei Fragezeichen.

Die schleichen ständig bei Nacht draußen herum, um Fälle zu lösen. Während Lena und Josh eigentlich ganz froh sind, sicher in ihren Betten zu liegen.
Aber jetzt muss es sein. Sie formen schlafende Körper aus Decken und Kissen, falls jemand ins Zimmer guckt. Dann klettern sie aus dem Fenster und rennen durchs Dorf, so schnell, dass sie schon völlig außer Atem sind, als sie in Bennys Garten ankommen.

Alle sind da. Sie geben sich die Hände, was sie sonst nie tun. Dann beginnen sie, die Fangnetze des Trampolins abzuschrauben.

Tom und Pia haben fünf Schraubenschlüssel dabei, von denen zwei passen. Sie wechseln sich ab. Drei stehen Schmiere.
Erst geht es leichter als gedacht, dann ziemlich schwer. Einige Schrauben klemmen.

Einmal geht in Bennys Haus das Licht an, und sie erschrecken halb zu Tode. Flach auf dem Bauch im Gras warten sie ab, bis wieder alles dunkel ist.
Endlich ist es geschafft. Die abmontierten Fangnetze verstecken sie hinter der Garage.
„Was werden deine Eltern sagen, wenn das Trampolin weg ist?“, fragt Josh.
Benny zuckt die Achseln.
„Wahrscheinlich merken sie es gar nicht“, sagt er.

Toms Idee lautete: Netze abmachen, hochkant stellen und rollen wie ein riesiges Rad!
Es funktioniert. Es funktioniert so gut, dass die Kinder es selbst kaum glauben können. Weil Benny am Ortsrand wohnt, müssen sie nur durchs Tor und über die Garageneinfahrt und ein Stück den Bürgersteig entlang, und schon haben sie die Landstraße erreicht. Auf der Fahrbahn ist jede Menge Platz. Jauchzend und schreiend rollen sie ihren Spezialtransport die Straße entlang, in völliger Dunkelheit, nicht einmal Mond und Sterne sind zu sehen. Sie sind schneller als der Wind, sie können alles schaffen, sie sind die A.J.W.

Als sich Scheinwerfer nähern, kippen sie das Trampolin in den Straßengraben und legen sich daneben. Das Auto fährt einfach an ihnen vorbei.
Im Wald geht es schwerer. Manchmal müssen zwei vorne ziehen, die anderen schieben. Einmal bleiben sie im Gestrüpp hängen. Sie ziehen Mützen und Schals aus und schwitzen unter ihren Jacken. Aber dann kommt die Bude in Sicht. Sie lassen sich auf die Lichtung fallen, kugeln im Gras herum, umarmen einander, knuffen sich gegenseitig in die Seite.
Lena fragt sich, ob sie jemals zuvor so glücklich war.
Benny ist sicher, dass er niemals zuvor so glücklich war.
Pia ruft: „So müsste es immer bleiben!"
Tom denkt, dass er nicht genau weiß, was seine Schwester meint, aber dass sie auf alle Fälle recht hat.

Als Josh und Lena wieder in ihren Betten liegen, müssen sie noch lange kichern, bis sie einschlafen können.

Es ist Samstag, keine Schule. Die ganze A.J.W. trifft sich schon morgens, um gemeinsam zur Bude zu fahren. Alle haben ihre Logo-Shirts an und sind irgendwie aufgeregt. Heute wollen sie dem Christkind beibringen, wie man das Trampolin benutzt.

Aber das Christkind wartet schon auf sie. Es will ihnen etwas zeigen. Es klettert auf das Trampolin, die Kinder stellen sich im Kreis auf. Das Christkind beginnt zu springen.

Wahrscheinlich hat es die halbe Nacht geübt.

Erst sind es normale Hüpfer. Dann immer höher. Das Christkind breitet die Schwingen aus. Es schwebt. Der nächste Sprung, noch höher. Die Flügel scheinen zu wachsen, sie sind riesig, sie tragen das Christkind hoch hinauf. Die Kinder legen die Köpfe in den Nacken.

„Alter!“, entfährt es Tom.

Noch ein Sprung. Das Christkind bleibt so lange in der Luft, als wollte es gar nicht mehr herunterkommen. Glockenhell steigt sein Lachen in den Winterhimmel. Es strahlt. Sein ganzer

Körper leuchtet. Vielleicht liegt es daran, dass es der Sonne immer näher kommt.

Benny weint. Auch Pia laufen Tränen über das Gesicht.
Im Stillen sucht Lena ein Wort dafür, wie sie sich alle fühlen. Schließlich fällt es ihr ein: ergriffen.
„Wir sind verdammt ergriffen“, flüstert sie.
„Und hingerissen“, fügt Josh hinzu.
Das Christkind segelt mit ausgebreiteten Schwingen.
Es dreht eine Runde über der Lichtung.
Josh beginnt zu klatschen. Erst zögerlich, dann immer beherzter. Die anderen fallen ein. Sie applaudieren, sie johlen, sie feuern das Christkind an.

Aber sie fühlen auch eine Schwere. Es ist die Schwere derjenigen, die am Boden bleiben müssen.

In der Nacht ist es Lena, die aufwacht. Sie hat keinen Geistesblitz, sie will einfach nur zu Josh. So liegen sie Arm in Arm, ohne ein Wort zu sagen, bis der Morgen graut.

Noch vor dem Frühstück fahren sie mit den Rädern in den Wald. Die Lichtung sieht anders aus. Verlassen, als hätte seit Jahren kein Mensch mehr einen Fuß darauf gesetzt. Sie betreten die Bude und stehen eine Weile stumm auf der Schwelle.

„Ich glaube, der Trappatros ist weg“, sagt Josh schließlich.

Es soll witzig sein, aber Lena lacht nicht. Da steht der zerwühlte Schlafkarton. Pias Kuschelhund liegt am Boden. In der Ecke ein schwarzes Bündel, der zerknüllte Hoodie von Bennys Vater. Nur die roten Turnschuhe hat das Christkind mitgenommen.

Josh fasst nach Lenas Hand. Er fängt an zu singen, *Alle Jahre wieder,* die letzte Strophe.

„Steht auch mir zur Seite / still und unerkannt / dass es treu mich leite / an der lieben Hand."
„Von wegen treu", sagt Lena und zieht die Nase hoch.

An den folgenden Tagen schleppen sich die Zwillinge morgens zur Schule und hängen nachmittags rum. Sie wissen nichts mit sich anzufangen. Vor lauter Langeweile streiten sie die ganze Zeit. Die Eltern sind total genervt.

„Warum spielt ihr denn nicht mehr mit den anderen?“, fragen sie. „Habt ihr euch gestritten?“

Die Kinder schütteln die Köpfe und zucken die Achseln. Sie haben versucht, mit den anderen zu spielen. Sie haben sich auf der Lichtung getroffen und sind durch den Parcours gerannt. Aber es hat sich nicht richtig angefühlt. Keiner wollte in die Bude. Keiner wollte aufs Trampolin. Benny hat das A.J.W.-Logo von der Tür gerissen und ins Gras geworfen. Sie sind bald wieder auseinandergegangen.

Außerdem regnet es die ganze Zeit.

Irgendwann ruft Benny an. Seinen Eltern ist doch noch aufgefallen, dass das Trampolin fehlt. Wenn er es nicht zurückholt, gibt es Riesenärger.

Sie verabreden sich für Sonntag auf der Lichtung, und tatsächlich sind alle da. Sie stehen beieinander und klatschen sich ab. Anscheinend ist auf die A.J.W. noch immer Verlass, und das fühlt sich gut an.

Plötzlich schreit Pia aufgeregt: „Guckt mal, da! Was ist das denn?“

Die Bude sieht irgendwie anders aus. Da flackert etwas im Fenster. Es riecht nach Tannengrün. Als alle still sind, hören sie Weihnachtsmusik. Vorsichtig gehen sie zum Eingang, öffnen die rote Autotür und spähen hinein.

„Alter!“, entfährt es Tom.

„Wunderschön“, flüstert Pia.

Im Fenster steht eine brennende Kerze. An der Wand lehnt ein geschmückter Tannenzweig. Der CD-Spieler dudelt. Die Geschenke auf dem Tisch sind unter der roten Decke verborgen.

Die Kinder grinsen. Sie singen *Alle Jahre wieder,* auch die letzte Strophe, und das fühlt sich gar nicht mehr traurig an. Dann zieht Pia das Tuch weg.

Es ist für jeden etwas dabei.

Für Josh ein Notizbuch, in dem man Geistesblitze aufschreibt.

Für Lena ein winziges Paar Boxhandschuhe, das man als Schlüsselanhänger benutzt.

Für Tom eine Ninja-Figur.

Für Pia ein Teleskop-Zeigestock, wie ihn manche Lehrerinnen besitzen.

Für Benny ein Hoodie, in den er noch hineinwachsen kann.

Sie zeigen sich gegenseitig ihre Geschenke, rufen: „Cool!“, und: „Geil!“, und: „Genau das habe ich mir gewünscht!“, und freuen sich wie verrückt. Danach ist die Weihnachtsgeschichte dran. Anstatt etwas vorzulesen, erzählen sie ihre eigene:

„Es begab sich aber zu der Zeit, dass ein Trappatros in der Vo-Schu-Wa saß …“
Es ist schon Ende Februar, aber es wird ein richtig schönes, vielleicht das schönste Weihnachtsfest.

„Helft ihr mir jetzt mit dem Trampolin?“, fragt Benny.
„Klar!“, ruft die A.J.W.
Bevor sie gehen, hebt Tom noch schnell das Logo auf und befestigt es an der Tür.
„Vielleicht wollt ihr mal zum Hopsen bei mir vorbeikommen“, sagt Benny.
„Na klar!“, ruft die A.J.W.

Juli Zeh wurde 1974 in Bonn geboren. Sie ist promovierte Juristin sowie Absolventin des Deutschen Literaturinstituts in Leipzig. Seit 2001 hat sie zahlreiche Romane, Kurzgeschichten, Theaterstücke, Essays sowie zwei Kinderbücher und ein Bilderbuch veröffentlicht. Ihr Werk wurde mit zahlreichen Literaturpreisen ausgezeichnet. 2018 hat sie das Bundesverdienstkreuz erhalten. Juli Zeh lebt in der Nähe von Berlin mit ihrer Familie, zu der jedes Jahr das Christkind kommt.

Mit fünf wollte Lena Hesse Christkind werden. Als Christkind lernt man fliegen und sieht viel von der Welt. Außerdem muss man nur im Winter arbeiten und kann den Rest des Jahres zeichnen.
Später erfuhr Lena, dass Zeichnen auch ein Beruf ist! Sie machte eine Ausbildung zur Printmediengestalterin und studierte Design in Valencia und Münster. Danach ging sie zwei Jahre lang auf Reisen und zeichnete alles, was stillhielt (und nachdem sie viel geübt hatte, auch fast alles, was sich bewegte).
Inzwischen hat sie zahlreiche Kinderbücher illustriert und ihre Berufswahl nie wieder infrage gestellt. Fliegen lernen würde Lena trotzdem gerne.

Kennen Sie schon unseren CARLSEN-Newsletter?
Tolle neue Lesetipps kostenlos per E-Mail gibt es nach Anmeldung auf www.carlsen.de

Originalausgabe
Text: Juli Zeh
Umschlag- und Innenillustration: Lena Hesse
Lektorat: Marlen Bialek
Programmleitung: Frank Kühne
Herstellung: Bettina Oguamanam
ISBN 978-3-551-51917-7

MIX
Papier aus verantwortungsvollen Quellen
FSC® C002795

Carlsen-Bücher gibt es überall im Buchhandel und auf carlsen.de